Grandes Personajes

Thomas Jefferson

Monica L. Rausch

Consultora de lectura: Susan Nations, M.Ed., autora, tutora de
alfabetización, consultora de desarrollo de la lectura

Please visit our web site at: **www.garethstevens.com**
For a free color catalog describing Weekly Reader® Early Learning Library's list of high-quality books, call 1-877-445-5824 (USA) or 1-800-387-3178 (Canada). Weekly Reader® Early Learning Library's fax: (414) 336-0164.

Library of Congress Cataloging-in-Publication Data available upon request from publisher. Fax (414) 336-0157 for the attention of the Publishing Records Department.

ISBN-13: 978-0-8368-7983-4 (lib. bdg.)
ISBN-13: 978-0-8368-7990-2 (softcover)

This edition first published in 2007 by
Weekly Reader® Early Learning Library
A Member of the WRC Media Family of Companies
330 West Olive Street, Suite 100
Milwaukee, WI 53212 USA

Managing editor: Valerie J. Weber
Art direction: Tammy West
Cover design and page layout: Charlie Dahl
Picture research: Sabrina Crewe
Production: Jessica Yanke and Robert Kraus

Spanish edition produced by A+ Media, Inc.
Editorial director: Julio Abreu
Chief translator: Adriana Rosado-Bonewitz
Associate editors: Janina Morgan, Bernardo Rivera, Carolyn Schildgen
Graphic design: Jessica S. Swan

Picture credits: Cover, title page, p. 11 National Park Service/Independence National Historical Park; p. 5 Library of Congress; p. 6 © Richard T. Nowitz/CORBIS; pp. 7, 8, 13, 18 © North Wind Picture Archives; p. 9 © Nancy Carter/North Wind Picture Archives; p. 12 © Joseph Sohm; ChromoSohm Inc./CORBIS; pp. 15, 16, 20 © The Granger Collection, New York; p. 17 Charlie Dahl/© Weekly Reader Early Learning Library; p. 21 National Park Service/Mount Rushmore National Memorial

Printed in the United States of America

1 2 3 4 5 6 7 8 9 10 10 09 08 07 06

Contenido

Portada y contraportada: Thomas Jefferson ayudó a formar la historia y el gobierno de los Estados Unidos.

Capítulo 1

Jefferson: Autor, granjero, presidente

En junio de 1776, Thomas Jefferson trabajaba sin parar; escribía y escribía. Los líderes de las **colonias** originales esperaban ver qué había escrito.

El 28 de junio, Jefferson mostró su trabajo a los líderes. ¡Expresaba perfectamente sus ideas! El 4 de julio de 1776, aprobaron su documento. Decía que las colonias originales eran libres del control británico. Los líderes lo llamaron la **Declaración de Independencia.**

Jefferson no sólo era un escritor. También era abogado, granjero, **arquitecto** e **inventor**. Además fue el tercer presidente de los Estados Unidos.

Benjamín Franklin *(izquierda)* y John Adams *(centro)* hablaron con Jefferson sobre la Declaración de Independencia. Borradores de la Declaración cubren el piso.

La plantación de Jefferson era enorme. Rios y campos la dividían en granjas y áreas separadas, incluyendo la hortaliza que aquí se muestra.

Jefferson nació el 13 de abril de 1743 en Virginia. Su familia vivía en una granja grande llamada **plantación**.

Jefferson era alto y delgado, de cabello rubio claro y con pecas. Era tímido, pero era un buen estudiante, y le encantaba aprender. Estudió matemáticas y ciencias y también aprendió acerca del terreno de la granja de su padre.

Cuando Jefferson tenía 14 años, su padre murió. Tres años después, Jefferson fue a la universidad y estudió leyes. Cuando cumplió 21 años se convirtió en dueño de la granja. Pronto, Jefferson también comenzó a trabajar como abogado.

Jefferson asistió a la Universidad de William y Mary en Williamsburg, Virginia, a principios de los años 1760.

© North Wind Picture Archives

A Jefferson le gustaba dirigir la granja. Intentó cultivar muchos tipos de frutas y verduras. Escribió los nombres de todas las plantas que ahí crecían.

Jefferson tenía **esclavos** en su granja. Trabajaban en los campos y en su casa.

Esclavos como éste trabajaban en las casas de la plantación. En general, se vestían mejor que los esclavos del campo. Jefferson tenía unos 150 esclavos.

© North Wind Picture Archives

A Jefferson también le gustaba preparar planos de edificios. En 1769, dibujó los planos para una casa nueva. Comenzó a construir esa gran casa en una colina. Llamó la casa "Monticello", que significa "montaña pequeña".

Tres años después, Jefferson se casó con Martha Wayles Skelton. Thomas y Martha Jefferson tuvieron seis hijos. Sólo dos llegaron a la edad adulta.

Jefferson añadió más habitaciones a Monticello en 1796. Ahora tiene 43 habitaciones.

© North Wind Picture Arch ves

9

Capítulo 2

La liberación de las colonias

Jefferson comenzó a trabajar para el gobierno de Virginia en 1769. Virginia era una colonia británica. En 1774, la Gran Bretaña hizo leyes que no le gustaron a la gente de Virginia.

Otras colonias también se opusieron a las leyes. Virginia y otras colonias decidieron no seguirlas. El rey británico les ordenó obedecer. En abril de 1775, el ejército británico y la gente de las colonias comenzaron a pelear. ¡La **Guerra de la Independencia** había comenzado!

En 1776, los líderes de todas las colonias se reunieron, incluso Jefferson. Hablaron sobre cómo liberar las colonias del control británico. Querían hacer sus propias leyes. Jefferson escribió sus ideas creando así la Declaración de Independencia.

En 1776, los líderes de las colonias se reunieron en esta habitación en Independence Hall en Filadelfia, Pensilvania.

Jefferson preparó los planos del edificio del capitolio del estado de Virginia en 1784.

Después de la reunión, Jefferson regresó a Virginia. Se convirtió en **gobernador** de Virginia en 1779. Cuando era gobernador, el ejército británico fue a Virginia a capturarlo y ¡por poco lo atraparon!

Después de haber sido gobernador durante tres años, Jefferson quería descansar. No le gustaba hablar en público, le gustaba escribir. En 1781, regresó a su hogar en Monticello y escribió un libro sobre plantas, animales y gente de Virginia.

En 1782, la esposa de Jefferson murió. Jefferson estaba muy triste. No quería irse de Monticello, pero su amigo, George Washington, necesitaba su ayuda. Jefferson decidió trabajar de nuevo para el gobierno. En 1784, se convirtió en **diplomático** y se fue a Francia.

Cuando Jefferson viajó a Francia, se llevó con él a su hija adolescente, Martha. Aquí se ve cuando era una mujer joven.

13

Capítulo 3

La presidencia

George Washington fue elegido presidente en 1789.
Le pidió a Jefferson que fuera parte de su **gabinete**.
También se lo pidió a Alexander Hamilton.

Hamilton y Jefferson pronto comenzaron a discutir. Jefferson creía que el gobierno no debía tener demasiado poder, que debería hacer sólo algunas leyes. Hamilton pensaba que el gobierno debería tener más poder. Jefferson dejó el gobierno en 1793.

En 1796, Jefferson **se postuló** a la presidencia, pero perdió y se convirtió en vicepresidente. En 1800, Jefferson de nuevo se postuló a la presidencia, ¡y ganó!

Mientras Washington era presidente, Alexander Hamilton estaba a cargo del dinero de los Estados Unidos. Aquí aparece en el centro entre Henry Knox *(izquierda)* y Jefferson *(derecha)*.

El barco USS Constitution *(izq.)* **lucha contra los piratas en Trípoli, parte de lo que hoy es Líbano, en el Mar Mediterráneo.**

Jefferson hizo muchas cosas importantes cuando fue presidente. Ayudó a los barcos estadounidenses que fueron atacados por piratas. Envió la marina a luchar contra los piratas.

Jefferson quería que los Estados Unidos crecieran. Le compró a Francia un gran territorio que estaba al oeste del río Misisipí. ¡Los Estados Unidos duplicaron entonces su tamaño!

La tierra que Jefferson compró se llamó la Compra de Luisiana. El área aparece en color naranja en este mapa.

TERRITORIO DE LUISIANA

El presidente Jefferson quería saber más sobre la tierra que compró. Envió a dos hombres, Meriwether Lewis y William Clark, a explorar esa tierra y ellos le llevaron información a Jefferson.

En 1804, Jefferson se postuló de nuevo a la presidencia. A mucha gente le había gustado como presidente y ganó fácilmente las elecciones.

Lewis y Clark viajaron por el río Misuri. Escribieron muchos reportes sobre la tierra que exploraron y los animales que ahí encontraron.

© North Wind Picture Archives

Capítulo 4

El retiro

En 1809, el período de Jefferson como presidente terminó. Volvió a Monticello. Jefferson quería ayudar a la gente a aprender. Hizo los planos para una universidad nueva, encontró maestros y fundó así la Universidad de Virginia.

Jefferson también pasó el tiempo leyendo, escribiendo y coleccionando libros. En 1815, después de que se quemó la biblioteca nacional, Jefferson vendió 6,700 libros al gobierno de los E.U.A. que ayudaron a comenzar una nueva biblioteca nacional.

Jefferson ayudó a hacer una máquina que copiaba cartas. La máquina estaba conectada a dos plumas. Cuando una persona escribía una carta con una pluma, la otra pluma escribía también la carta.

Jefferson tenía muchas ideas. Le gustaba encontrar formas de ahorrar tiempo y espacio. Jefferson encontró una forma de **arar** mejor, también para hacer copias de cartas y diseñó un soporte para libros que mantenía cinco libros abiertos a la vez.

Jefferson escribió muchas cartas a su amigo John Adams y a sus nietos. Los nietos visitaban a Jefferson. Le gustaba jugar con ellos.

En julio de 1826, Jefferson se enfermó. Murió el 4 de julio de 1826. Muchos lugares históricos se nombraron en honor de este gran escritor, pensador y presidente y ahora aparecen por toda la nación que ayudó a formar.

Thomas Jefferson es honrado como uno de los cuatro presidentes cuyos rostros se tallaron en el Monte Rushmore. Jefferson está entre George Washington *(extremo izq.)* y Theodore Roosevelt *(segundo de der. a izq.)*. Abraham Lincoln también aparece tallado en la montaña.

Glosario

arar — separar la tierra y prepararla para sembrar

arquitecto — persona que dibuja planos para edificios o los diseña

colonias — tierras y gente controladas por otro país

Declaración de Independencia — declaración hecha por las colonias diciéndole a la Gran Bretaña que las colonias eran libres

designado — pensado para algo y hecho un plan para ello

diplomático — persona que habla sobre su país a los líderes de otro país

documento — escrito que contiene información

esclavo — persona tratada como propiedad y forzada a trabajar sin pago

gabinete — grupo de personas que trabajan para el presidente y le ayudan a tomar decisiones

gobernador — persona que gobierna o dirige una colonia o estado

Guerra de la Independencia de los Estados Unidos — Guerra entre las colonias estadounidenses y la Gran Bretaña. Las colonias ganaron y se liberaron del control británico

inventor — alguien que crea o diseña un objeto por primera vez

plantación — extensa área de tierra que es cultivada

se postuló — se hizo candidato

Para más información

Libros

Meet Thomas Jefferson. Landmark Books (serie).
Marvin Barrett (Random House)

Meet Thomas Jefferson. Patricia Pingry (Ideals Children's Books)

A Picture Book of Thomas Jefferson. Picture Book
Biography (serie). James Cross Giblin (Scholastic Paperbacks)

Thomas Jefferson: Third President 1801-1809. Getting to Know
the U.S. Presidents (serie). Mike Venezia (Children's Press)

Thomas Jefferson: Una vida de patriotismo/A Life of Patriotism.
Libros Para Avanzar — Biografías/Pull Ahead Books (serie).
Ann-Marie Kishel (Ediciones Lerner)

Índice

Sobre la autora

Monica L. Rausch tiene una maestría en formación literaria por la Universidad de Wisconsin-Milwaukee, donde actualmente da clases sobre composición, literatura y redacción creativa. Le gusta escribir sobre ficción pero también le divierte escribir sobre hechos reales. Monica vive en Milwaukee cerca de sus seis sobrinos a quienes le encanta leerles cuentos.